Couverture inférieure manquante

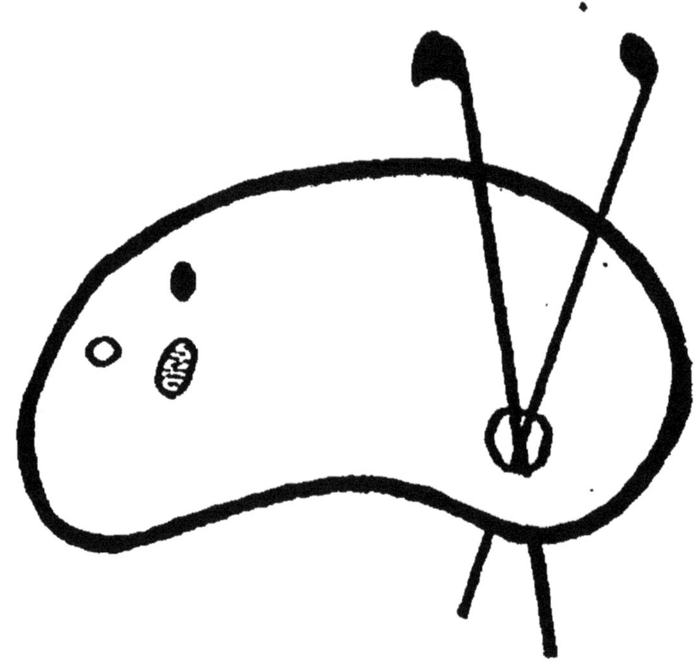

DEBUT D'UNE SERIE DE DOCUMENTS
EN COULEUR

Format in-8º raisin
tiré à cinquante exemplaires

HISTORIQUE

DE

L'Enchir TABIA & EL-HOUBIRA

BONE

Imprimerie Centrale, Cours National, en face le Square

1895

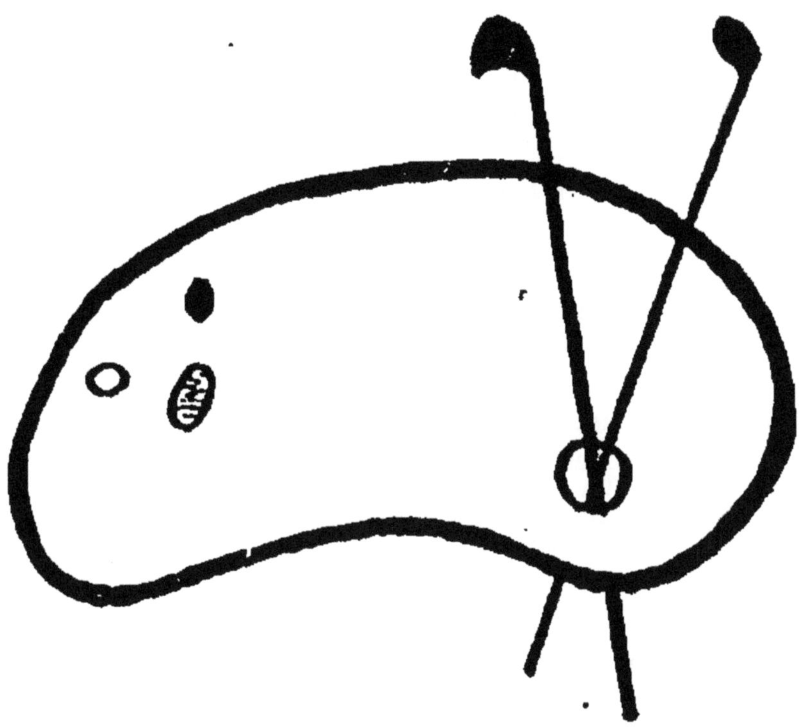

FIN D'UNE SÉRIE DE DOCUMENTS
EN COULEUR

NOTE

SUR

L'ENCHIR TABIA ET EL-HOUBIRA

Le Bey Heusseine qui régnait sur la Tunisie en l'année 1143 de l'hégire (1731), fit donation à un nommé El Hadj Fredj ben el Ghali el Djelassi d'une propriété rurale, située aux environs de Kairouan, connue sous le nom d'Enchir Tabia ou Touibia.

Dès son avènement au trône, Mohamed Bey, fils du précédent, ratifia et confirma cette donation par un décret en date du milieu du mois de Dou el Hidja (1145) (24 mai — 3 juin 1733).

Ce décret est conçu en termes aussi clairs que précis : « Par les présentes, nous confirmons d'une façon parfaite « ce qu'a fait notre père, sans que personne puisse faire « d'opposition au titulaire des présentes, ni lui intenter « procès, ni lui contester ses droits ».

La propriété faisant l'objet de la donation est parfaitement désignée, non seulement par son nom, mais encore par ses limites qui sont : à l'ouest Ksar-el-Ghibiou et El-Mechertat; au sud, un ravin à El-Ala-El-Maïder et El-Nebika; à l'Est, El-Houidta; au nord, El-Kassiat, Keraà-el-Godban et El-Guetitir (PIÈCE JUSTIFICATIVE N° 1).

Le décret n'indiquait que les principaux points de la limite, mais pour éviter des contestations il était nécessaire d'avoir un bornage qui permit de suivre pas à pas la limite du domaine; c'est ce qui fut fait en l'année qui suivit la donation; le représentant du Bey vint mettre El Hadj Fredj en possession et procéda avec un amin et cinq autres experts à la délimitation exacte du domaine. Procès-verbal de cette opération fut dressé à la date du 1er tiers du sfah 1747 (3 — 12 juillet 1734) et approuvé par le Bey; il est annexé à un autre bornage plus récent qui figure aux pièces justificatives, sous le nº 8.

Les deux souverains qui ont successivement consacré les droits de El Hadj Fredj sur cette propriété, étaient des monarques absolus, POSSESSEURS DU ROYAUME DE TUNIS et qui avaient, à ce titre, le droit incontestable de disposer de tous les biens de la Tunisie, de même qu'ils disposaient, sans contrôle de la vie de leurs sujets.

La donation constitue donc un véritable acte du Gouvernement devant lequel les pouvoirs judiciaire et administratif ne peuvent que s'incliner et dont ils sont tenus d'assurer l'exécution.

Le donataire de l'enchir El-Habira ne pouvait évidemment cultiver par lui-même cette propriété qui est d'une assez grande étendue ; aussi y établit-il, comme locataires des familles dépendant des tribus voisines, notamment de celle des Souassi qui est particulièrement renommée par sa turbulance et son caractère agressif.

Tant que vécut El Hadj Fredj, ses droits furent respectés, mais après lui, son domaine ne tarda pas à exciter la cupidité de ses voisins et même de ses locataires : nous allons en trouver la preuve dans les documents officiels qui vont être ci-après analysés.

Dès l'année 1188 (1774) un de ses descendants se plaint au Bey régnant que les Souassi se refusent à payer leurs loyers. Ce souverain lui répond en ces termes à la date de la dernière décade de Ramdan 1188 « Nous avons « appris cela, et nous vous adressons notre décret pour « le caïd des Souassi, QUI VOUS FERA PAYER PAR EUX LA « REDEVANCE DE VOS TERRES » (PIÈCE JUSTIFICATIVE Nº 2).

Le souverain régnant était alors Ali Bey ; en présence des plaintes élevées par les héritiers de El Hadj Fredj, il prend un nouveau décret en l'année 1188. pour confirmer la donation faite par ses ancêtres ; et pour lui donner une sanction plus efficace, il a bien soin de déclarer que tous ceux qui cultiveront dans la propriété devront payer la dîme c'est à dire la location aux héritiers du donataire (PIÈCE JUSTIFICATIVE Nº 3).

Ainsi, il n'est plus besoin, dès lors, que les propriétaires justifient d'un contrat de location pour obtenir le paiement des fermages ; quiconque cultive dans les limites de la propriété doit payer et cela en vertu d'un ordre souverain qui est revêtu de la formule exécutoire, de sorte que tous détenteurs de l'autorité à qui ce titre est présenté sont tenus de le faire observer.

Aussi vingt-huit années se passent sans qu'aucune infraction soit commise, mais en 1216 les Souassi recommencent à ne plus payer leurs loyers. Plainte est portée au B. y qui adresse un nouveau décret au caïd des Souassi lui enjoignant de faire payer ses administrés (pièce justificative n° 4).

L'année suivante, ce sont les Ouled-Echamek, une fraction des Souassi qui essayent de cultiver dans la propriété sans payer. Nouvel ordre du Bey au caïd des Souassi pour le leur interdire (décret du 21 djoumad Ettani 1217, PIÈCE JUSTIFICATIVE N° 5).

En 1223, les Souassi essayent encore de s'affranchir du paiment des fermages. A la plainte qui lui est adressée, le Bey répond : « Nous avons écrit au caïd des Souassi qui « fera rentrer pour vous les redevances arriérées. Ils ne « cultiveront plus dans votre terre qu'avec votre assen-« timent » (PIÈCE JUSTIFICATIVE N° 6).

Enfin, en 1239 (1825) de nouvelles tentatives d'émancipation se manifestent ; aussi les descendants de El Hadj Fredj s'empressent-ils de solliciter du Bey régnant une confirmation de leurs droits ; ils soumettent leurs décrets au Bey et Hassein Pacha Bey leur répond en ces termes : « Nous vous retournons les décrets et nous « ajoutons que la terre demeurera entre vos mains. Si « quelqu'un formule des prétentions à ce sujet, compa-« raissez avec lui par devant nous » (pièce justificative n° 7).

Depuis l'année 1825 jusqu'à l'époque de l'occupation française, c'est-à-dire pendant une période de cinquante-six ans, aucune contestation n'est soulevée par les locataires et les propriétaires encaissent paisiblement leurs revenus.

La part active que prirent les Souassi à l'insurrection du Sud tunisien sous l'impulsion et la direction de leur caïd, le fameux ben Khelifa, est un fait historique. L'enchir Tabia et El Houbira est livré au pillage et les révoltés y règnent en maîtres.

L'ordre est vite rétabli, mais les anciens locataires ne reviennent pas tous ; les uns ont péri les autres se sont réfugiés en Tripolitaine, laissant abandonnées des terres que leurs parents et leurs voisins se mettent à cultiver. De nouvelles difficultés s'élèvent pour le recouvrement des loyers; les propriétaires vont être de nouveau obligés de prendre des mesures pour faire respecter leurs droits.

Mais l'organisation du Protectorat a modifié l'ancien état de choses; il n'est plus possible de s'adresser directement au Bey pour faire renouveler au caïd des Souassi, les ordres donnés à ses prédécesseurs. Ne sachant à qui s'adresser, les descendants de El Hadj Fredj engagent une instance devant le tribunal du chara où ils appellent les chefs de la tribu des Meharza, une fraction des Souassi : Salem ben Errouhima ben Ismaël ben Sassi El Maherzi, Ali ben Mohamed Edderouaz, le cheik Ahmed ben Mohamed ben Mabrouk pour faire ordonner leur expulsion des terres qu'ils occupent sans payer. En magistrat prudent, le cadi tient à s'assurer d'abord si ces terres se trouvent dans le périmètre de la propriété donnée à El Hadj Fredj A cet effet il désigne deux amins (experts du gouvernement) et deux notaires pour procéder sur les lieux à une expertise contradictoire, et voici comment ces fonctionnaires racontent eux-mêmes la façon dont ils y furent reçus : « Lorsqu'ils sont arrivés sur « l'enchir sus-désigné, une centaine de personnes envi- « ron, de la tribu des Meharza, leur ont barré le passage « et les ont empêché de parvenir au puits sus-mentionné « (le point litigieux), en les chassant, en frappant leurs « montures et en leur jetant des pierres ».

Les amins et les notaires sont obligés de céder devant la force; ils reviennent à Kairouan exposent les faits au bureau arabe qui lui-même en réfère au général commandant la brigade de Sousse. Le général ordonne d'adjoindre aux amins et aux notaires de Kairouan deux amins de Monastir et deux notaires des Souassi, dans le but évident d'entourer de toutes les garanties d'impartialité et d'authenticité l'opération à laquelle il allait être procédé.

Le personnel de l'expertise ainsi complété arrive sur les lieux; les descendants de El Hadj Fredj expliquent leurs droits et produisent leurs titres en montrant leurs limites; les Meharzi répondent : « qu'ils sont propriétai- « res d'une terre appelée Bir-Sultan, qu'elle est en leur « possession et jouissance, qu'ils la cultivent, la donnent « en location, y creusent des puits, y plantent des « cactus et y inhument leurs morts, sans qu'ils aient « d'autres arguments à faire valoir à cet égard que celui « de la possession, AJOUTANT QUE PLUS TARD ILS PRO- « DUIRAIENT DES TITRES A L'APPUI DE LEURS PRÉTEN- « TIONS. » Ces titres, ils ne les ont jamais produits.

Les experts vérifient alors les limites de la propriété

des descendants de El Hadj Fredj, ils constatent que leurs titres s'appliquent bien à l'immeuble et que le terrain litigieux est renfermé dans leurs limites, c'est-à-dire qu'il leur appartient.

Cette expertise a été faite le 14 djemmad Ettani 1304, correspondant au 9 mars 1887 (PIÈCE JUSTIFCATIVE Nº 8) ; elle avait été ordonnée par le cadi de Kairouan. Quelques mois plus tard, le cadi de Tunis, saisi à son tour de l'affaire, ordonne une nouvelle mesure du même genre. Ce ne sont plus les mêmes amins ni les mêmes notaires qui y procèdent, cependant le résultat est le même et il est parfaitement établi que le terrain occupé par les Souassi est une partie de la propriété donnée à El Hadj Fredj. Détail remarquable, les Souassi n'invoquent plus que leur possession ; quand aux titres qu'ils s'étaient engagés à produire, il n'en est plus question. Les notaires et amins rendent compte de leur mission au cadi qui ordonne d'en dresser acte (Voir le procès-verbal dressé à la date du 9 Rebia El Ouel 1305, correspondant au 16 décembre 1887, PIÈCE JUSTIFICATIVE Nº9).

Cette fois, la question paraît définitivement tranchée et tous les occupants de l'enchir Tabia et El Habira paient la location aux légitimes propriétaires.

Deux ans plus tard, en 1307 une partie des descendants de El Hadj Fredj cèdent leurs droits indivis à Si Hassein Tordjman, propriétaire demeurant à Kairouan.

Une partie des cultivateurs profite de ce changement de propriétaire pour ne pas payer les loyers. Cette fois-ci ce ne sont plus seulement les Souassi comprenant les fractions des Meharza, des Regaïg, des Kelbat, des Oulad-Ech-Chamek, des Chaeda et des Maata ; mais aussi les Ouled-Idir et les Zlass, comprenant les fractions des Oulad-Achour et des Oulad-Farjallah qui essayent de s'affranchir de leurs obligations envers les propriétaires du sol.

Hassein Tordjman, débordé par ces résistances, ne sachant comment percevoir ses loyers, à raison du caractère violent de ses débiteurs, les fait tous citer devant le tribunal de l'Ouzara pour les faire condamner au paiement desdits loyers.

L'instance est engagée le 30 mai 1890 ; elle n'était pas encore terminée en janvier 1891. A cette époque, M. Bertagna achète une partie du domaine ; il se préoccupe aussitôt du litige en suspens depuis si longtemps ; il fait une démarche auprès de M. le Secrétaire général du Gouvernement tunisien, l'honorable M. Roy, qui veut bien lui faire communiquer le dossier. Après cette communication, M Bertagna écrit à M. Roy, lui faisant remarquer combien claire est cette affaire Cette lettre produit un effet merveilleux : l'affaire qui n'avait pu être jugée en quatre ans se termine en quatre jours et le tribunal de l'Ouzara s'aperçoit alors qu'il s'est occupé, pendant quatre années consécutives d'une affaire qui ne le regardait pas. Il rend à la date du 11 janvier 1894, un jugement par lequel il se déclare incompétent et renvoie les parties devant le tribunal du Chara.

Pendant les quatre années qui viennent de s'écouler, dans l'attente d'une solution, les locataires de l'enchir Tabia et El-Habira ont continué à ne pas payer leurs loyers. Sur ces entrefaites, les autres héritiers de El Hadj Fredj avaient cédé leurs parts à un sieur Athanasio Grégorio, de sorte que la propriété se trouvait, dès lors, indivise entre ce dernier et Hassein Tordjman.

Athanasio Grégorio n'avait pas à subir les lenteurs du tribunal de l'Ouzara ; il s'adresse à M. le Juge de paix de Kairouan et obtient, à la date du 23 novembre 1893, quatorze ordonnances de référé ordonnant l'expulsion des Oulad-Idir, des Zlass, des Oulad-Achour et des Oulad-Fardjallah, c'est à-dire de toutes les fractions occupant la partie du domaine dépendant du contrôle de Kairouan. Ces ordonnances furent exécutées par procès-verbaux de l'huissier de Kairouan en date du 4 décembre 1893 ; tous ceux qui refusèrent de payer leurs loyers furent expulsés et la partie du domaine dépendant du contrôle de Kairouan se trouva ainsi à la libre disposition de ses légitimes propriétaires.

A cette époque, M. Bertagna fait l'acquisition du surplus du domaine qui devient ainsi sa propriété exclusive ; il va lui-même en prendre possession et y installe un gérant. Tenant à s'assurer, par lui-même, de la régularité de la situation et à éviter pour l'avenir les difficultés du genre de celles qu'avaient rencontré ses vendeurs, il pria M. le Contrôleur de Kairouan de vouloir bien convoquer, par devant lui, les chefs de toutes les fractions de cultivateurs établis sur sa propriété pour leur faire connaître leur nouveau propriétaire. Ces chefs vinrent à Kairouan, ils reconnurent devant M. le Contrôleur civil qu'ils devaient payer leurs loyers, mais, ajoutèrent-ils, pourquoi les Souassi qui occupent, au même titre que nous une autre partie du domaine, ne paient-ils pas également leurs locations? Dans cette réponse se révèle le caractère de l'Arabe, rebelle à toute injustice; on y trouve aussi la preuve que la situation des Souassi est de notoriété publique dans le pays. Tout le monde sait qu'ils doivent payer leurs loyers et qu'ils s'y refusent obstinément. Comment expliquer cette différence d'attitude entre eux et leurs voisins? Faut-il chercher cette explication, non pas chez les Souassi mais au-dessus d'eux, c'est-à-dire chez ceux qui devraient tenir la main à la régularité des paiements? Voilà dans tous les cas une nouvelle reconnaissance formelle et officielle des droits de propriété de M. Bertagna; nous en fournissons la preuve par la lettre que lui a adressé M. le Contrôleur civil de Kairouan à la date du 1er mai 1804 (PIÈCE JUSTIFICATIVE N° 10).

Tou'es difficultés étant applanies, au moins en principe, sur le territoire de Kairouan, M. Bertagna s'adressa à M. le Contrôleur civil de Sousse de qui dépend le caïdat des Souassi pour lui faire connaitre la situation de cette tribu et lui demander le concours de son autorité pour obliger ceux qui occupaient encore une partie de son domaine à se conformer aux anciens ordres souverains si souvent renouvelés.

M. le Contrôleur civil voulut bien promettre à M. Bertagna de donner au caïd des Souassi les instructions nécessaires pour faire respecter ses droits, et le caïd lui-même se déclara tout disposé à le seconder; mais il était nécessaire, tout d'abord, de faire sur les lieux une application des titres pour reconnaitre les limites du domaine et dresser ainsi la liste de ceux qui avaient à payer le loyer au propriétaire de l'enchir Tabia et El-Habira.

M. Tauchon, contrôleur civil de Sousse, désigna lui-même à M. Bertagna un interprète qui devait se rendre sur les lieux, porteur des titres de propriété, pour effectuer cette opération, contradictoirement avec le caïd; cet interprète était M. Fleury, actuellement secrétaire du Contrôle civil de Bizerte.

M. Fleury, qui s'était mis entièrement à la disposition du caïd des Souassi ne put jamais obtenir de lui un rendez-vous pour aller sur les lieux; tantôt le caïd était malade, tantôt il était en voyage, et la plupart du temps il était à Sousse, sa résidence habituelle, malgré les circulaires qui obligent les caïds à demeurer sur le territoire de leur administration.

Il y a actuel'ement un an que les promesses du caïd

des Souassi ont été faites et il est aujourd'hui démontré que leur exécution sera indéfiniment retardée par cette force d'inertie que les indigènes excellent à employer tout en protestant de leurs bonnes intentions.

Quelques personnes, sans doute mal intentionnées semblent croire que le caïd Mohamed ben Khlifat aurait intérêt à ce que le STATU QUO se prolonge le plus possible ; elles vont même jusqu'à insinuer que si ce caïd ne fait plus payer les loyers au propriétaire comme il était tenu de le faire autrefois, les cultivateurs ne sont pas pour cela exempts de toute redevance. On fait même remarquer que Mohamed ben Khlifat est aujourd'hui à la tête d'une très grosse fortune, lui qui n'avait que son savoir et son intelligence au moment où le gouvernement lui a confié ce poste qu'il occupe depuis quelques années

Mais laissons de côté les ON DIT pour en revenir à cette constatation que M. Bertagna n'a pas encore pu faire vérifier les limites de sa propriété sur le territoire des Souassi.

Sur le contrôle de Kairouan, l'application du titre est faite depuis longtemps et tous ceux qui cultivent dans l'intérieur du périmètre tracé par le décret de donation doivent payer les loyers et les droits de pâturage.

Ainsi voilà une propriété qui est d'un seul tenant, qui repose sur un seul titre ; cependant l'application de ce titre et l'exercice des droits qui en dépendent ne peuvent se faire que sur une partie du domaine et cela parce que ce domaine est coupé en deux par une ligne purement fictive qui est la ligne séparative des deux contrôles civils. Ce qui est vrai sur le contrôle de Kairouan, ne l'est plus sur le Contrôle de Sousse ; ce que M. le Contrôleur de Kairouan a pu faire comprendre aux chefs des Ouled-Idir, des Zlass, des Ouled-Achour et des Ouled-Farjallah, M. le Contrôleur de Sousse n'a pu le faire comprendre au caïd des Souassi. On le dit, il est vrai, si influent le caïd des Souassi !

Que d'entraves, que d'ennuis quotidiens entraîne cette position du domaine à cheval sur deux contrôles et sur deux justices de paix ; les locataires qui sont poursuivis devant l'un des deux juges de paix se réfugient sur le territoire de l'autre et VICE VERSA, de sorte qu'après avoir fait parcourir à l'huissier de Kairouan une distance de 63 kilomètres, il faut en faire parcourir 115 à l'huissier de Sousse pour faire une deuxième fois le même acte. On imagine si la moindre contestation produit ainsi des frais considérables et c'est là un des éléments sur lesquels les indigènes spéculent le plus pour lasser la patience de leurs propriétaires. Sans compter que la limite est elle-même d'une élasticité incomparable : ce qui limite le Contrôle de Sousse, c'est le caïdat des Souassi ; là où sont les Souassi, est le contrôle de Sousse, de sorte que les Souassi empiétant un peu chaque année sur leurs voisins, le Contrôle de Sousse arrivera insensiblement jusqu'à la ville de Kairouan.

M. Bertagna s'est vite aperçu de ces nombreux désagréments et a demandé à M. le Ministre-Résident de vouloir bien rattacher toute sa propriété à l'un ou à l'autre des deux contrôles, lequel des deux peu lui importe, pourvu que ses locataires ne puissent plus l'obliger à recourir alternativement à deux autorités dont il est souvent bien difficile de déterminer la compétence respective, à moins de procéder journellememnt à des enquêtes sur les lieux qui absorberaient à elles seules le temps des deux contrôleurs et des deux juges de paix.

La question n'a pas encore été tranchée ; elle est cependant des plus importantes.

Revenons aux Souassi, et par Souassi, nous entendons les gens de cette tribu qui se trouvent actuellement dans les limites de la propriété désignée au décret de donation de 1145, sans payer de loyers, car tous les Souassi ne sont pas réfractaires, un certain nombre d'entre eux ayant déjà reconnu les droits de M. Bertagna, et ayant pris ses terres en location, ainsi qu'il résulte des trois contrats dressés par les notaires Amar bel Hadj Farjallah et Belkhir ben Salem à la date du 10 Rabia Ettani 1310 ; aux termes de ces contrats, cinquante et un Souassi ont pris en location 105 méchias de terre. Pourquoi les autres n'en feraient-ils pas autant ? abstraction faite de leur caïd, quelle raison ces gens-là peuvent-ils avoir pour se refuser à payer leurs loyers au bénéficiaire actuel de ce décret ? ont-ils été affranchis par un décret plus récent du paiement de ces loyers ? ont-ils acquis, des anciens propriétaires une ou plusieurs fractions du domaine ? Non, il n'y a rien de cela. Comme nous l'avons vu dans les procès-verbaux de bornage ci-dessus relatés ; les Souassi se bornent à dire : nous habitons cette propriété depuis plusieurs générations, nous y avons cultivé, nous y avons planté des cactus et creusé des puits, nous y ensevelissons nos morts, donc el'e nous appartient. Ce n'est là autre chose que la théorie de la prescription et il nous est aisé de démontrer que les Souassi ne peuvent invoquer la prescription ni au point de vue du droit musulman ni au point de vue du droit français. En droit musulman, on ne peut invoquer la prescription que dans le cas où l'origine de la possession est ignorée ; tous les jurisconsultes sont absolument d'accord sur ce point. Nous citerons notamment : Ezzehkani, le cheik Ed Dasouli, le cheik Ettendi et Sidi Khelil. En droit français, pour pouvoir prescrire, il faut une possession continue et non interrompue paisible, publique, non équivoque et à titre de propriétaire Or les décrets que nous avons énumérés plus haut ne laissent aucun doute sur l'origine de la possession et sur sa nature.

Ce n'est pas en vain qu'à des époques périodiques les souverains du pays rappelaient aux Souassi qu'ils devaient payer la location aux descendants de El Hadj Fredj. C'est donc à titre de locataires que les Souassi se sont établis sur cette terre, c'est à titre de loca'aires qu'ils s'y sont toujours maintenus, et en admettant qu'ils se soient parfois soustraits à l'obligation de payer leurs loyers, ils ne peuvent se faire un titre de cette infraction aux ordres de leurs souverains. Ils l'ont cependant essayé lorsqu'ils se sont vus poursuivis et met'ant à profit les quatre années pendant lesquelles l'Ouzara réservait sa déclaration d'incompétence, ils ont fait établir, par des notaires des actes qu'ils qualifient de titre de propriété. Leur simple lecture suffit pour déterminer leur valeur : ce sont des déclarations que viennent faire aux notaires les prétendus propriétaires, et les notaires écrivent que devant eux a comparu un tel qui a déclaré être propriétaire de tel terrain ; les parents, associés et amis viennent appuyer cette déclaration et le titre est fait.

Ces titres ne sont que l'expression des prétentions des locataires et comme ces prétentions ne peuvent que s'incliner devant les droits des descendants de El Hadj Fredj, autant valent les prétentions, autant valent les titres.

Il est bon de savoir, à ce propos, qu'il est de notoriété publique en Tunisie, que le caïdat des Souassi passe pour posséder des savants assez distingués qui excellent dans l'art de fabriquer des titres complaisants.

Dans ces conditions, et alors que ses prétentions sont

si nettement établies, on pourrait dire à M. Bertagoa :
Mais pourquoi n'assignez-vous pas ces gens-là devant le
tribunal de Sousse en paiement des loyers qu'ils vous
doivent et, faute de paiement, en expulsion?

Cette voie paraît évidemment la plus simple et la plus
logique à qui ne connaît pas les us et coutumes de Tunisie. Mais il faut considérer, d'un côté, qu'à raison de la
distance et du grand nombre de locataires, et à raison
aussi de la position spéciale du domaine dont nous avons
ci-dessus parlé, la moindre procédure entraine des frais
considérables qui, venant s'ajouter aux loyers arriérés,
constitueraient une charge ruineuse pour les locataires.
D'un autre côté, il suffira que ces gens viennent émettre,
devant le tribunal, la prétention même injustifiée d'un
droit de propriété quelconque pour que le tribunal se
déclare incompétent en vertu de la législation actuelle
et qu'il renvoie la cause devant le tribunal du Chara.
Là, alors, ce ne serait plus quatre ans comme devant
l'Ouzara, mais peut-être dix, peut-être vingt ans qu'il
faudrait attendre pour obtenir une sentence favorable à
un ROUMI contre des musulmans.

C'est pour ne pas s'exposer à rouler indéfiniment dans
ce cercle judiciaire que M. Bertagna, armé du droit, de ses
auteurs et des précédents établis à leur profit se croit
fondé à s'adresser au représentant de la France qui
pour un Français est le seul détenteur du pouvoir en
Tunisie et à lui dire : «Ce que le Bey faisait autrefois
pour El Hadj Fredj et ses descendants, je viens vous
demander à vous qui êtes mon protecteur naturel, de le
faire pour moi Français qui suis au lieu et place de El
Hadj ben Fredj. Comme le Bey disait autrefois au caïd
des Souassi : faites payer le loyer par les gens qui occupent des terres sur l'enchir Tabia et El-Habira. veuillez
dire, aujourd'hui, à ce même caïd de me faire payer,
par ses administrés, les loyers pour ces mêmes terres.
Un seul mot de vous suffira pour que tout rentre dans
l'ordre. »

Ce mot, M. Bertagna l'attend pour mettre à exécution
les projets de colonisation qu'il se propose d'accomplir
sur son vaste domaine. Déjà il a offert au Gouvernement
tunisien de participer, jusqu'à concurrence d'une somme
de cinquante mille francs, au forage d'un puits artésien
qui répandrait dans cette contrée, dévastée par la sécheresse, les bienfaits de la fertilisation.

Dès que ces terrains seront ainsi devenus accessibles à la colonisation européenne on verra des villages de colons français s'installer à côté des tentes des nomades et le pays ne tardera pas à voir refleurir son ancienne prospérité qui en avait fait autrefois l'une des plus riches contrées de la régence.

C'est à dessin que nous disons à coté, car en favorisant la colonisation européenne M. Bertagna ne voudrait pas qu'elle puisse porter ombrage ni préjudice aux cultivateurs indigènes; il y a, en Tunisie, assez de place pour permettre aux deux éléments de se développer côte à côte et simultanément. M. Bertagna est même persuadé qu'en faisant payer aux Souassi une location équivalente à celle de ses autres locataires (neuf ou dix francs par méchia, c'est-à-dire environ un franc par hectare il ne fera qu'alléger les charges qui pèsent actuellement sur eux, directement ou indirectement. La prospérité de l'élément indigène est un des éléments indispensables à la psospérité du pays lui même, car un pays de production n'est riche qu'à la condition que le producteur puisse acquérir une honnête aisance. Mais le sort de ce producteur ne peut que s'améliorer au contact de l'élément européen qui en lui montrant l'exemple du progrès l'amènera insensiblement à cette assimilation qui est le vœu de tous ceux qui s'intéressent à l'avenir de la Tunisie.

PIECE JUSTIFICATIVE
N° 1.

Traduction de l'Arabe

Empreinte d'un sceau au nom de Si Mohammed Pacha Bey.

Louange à Dieu !

Que Dieu répande ses faveurs sur notre Seigneur et maître Mohammed et qu'il lui accorde le salut !

A tous ceux qui prendront connaissance de notre présent décret parmi nos enfants : aghas, kahias, caïds, percepteurs et tous détenteurs de l'autorité en général et en particulier. Puisse Dieu diriger la situation de tous et les assister tous en paroles et en actions.

Mandons que l'honorable notre ami le fakir (ascète) *Si El Hadj Fredj ben Elshali Eldjelassi* est porteur de décrets octroyés par le très puissant et très glorieux notre père Seydi Hessmi Bey. Puisse Dieu faire durer sa grandeur! relatifs à henchir *Hibra*, dont il lui a fait donation, l'a rendu propriétaire et qui est devenu, par cela, un des biens du fakir prénommé, dans le but d'obtenir les indulgences de D.eu Très Haut.

Cet henchir est limité :

Du côté ouest, par Kessor Elgabiou et Elmechertate,

Du côté sud, par Freïd (ravine, dépression de terrain) à Elâla, E'maïder et Ennebikat,

Du côté est, par Elhaouidtsat,

Et du côté du nord, par Elguessiâte, Gueraâ Elghodbane et Elguetitir.

Or, nous ratifions en cela, d'une façon parfaite ce qu'a fait le très puissant notre père, sans que personne puisse relativement à ce que dessus, formuler contre le prénommé d'opposition, de contestation ou lui intenter action.

Ordonnons à tous ceux qui prendront connaissance du présent décret de s'y conformer sans y contrevenir s'il plait à Dieu, qu'il soit exaucé !

Salut de la part de l'humble, envers son Dieu Mohammed Bey, que Dieu le sanctionne.

Décade médiale de Don el Hidja 1145. Du 21 mai au 3 juin 1733.

Tunis, le 11 mai 1894.

Coût : TROIS FRANCS
Pour traduction conforme,
L'Interprète judiciaire,
J. ABRIBAT.

PIÈCE JUSTIFICATIVE
N° 2.
Traduction de l'Arabe

Louange à Dieu !

Que Dieu répande ses faveurs sur notre Seigneur Mohammed, sur sa famille et ses compagnons et qu'il leur accorde le salut.

Puisse Dieu Très Haut protéger par sa grâce et garder l'honorable et très considérable le protégé de Dieu, le *Marabout Aïssa ben Ablessamie*. Que Dieu le comble de ses bienfaits ! ainsi soit-il.

Que le salut soit sur vous.

Nous avons reçu votre écrit et nous en avons compris le contenu et ce que vous nous y avez dit relativement aux Souassi qui se sont refusés de payer la redevance de vos terres.

Nous avons appris cela et nous vous adressons notre décret pour notre fils le caïd des Souassi, qui vous fera payer par eux la redevance de vos terres.

Nous n'avons plus rien à ajouter si ce n'est d'invoquer sur vous le bien et la paix.

Salut de la part de l'humble envers son Dieu, le Bacha Ali Bey, fils de Hessini Bey. Que Dieu le sanctionne par un effet de sa bonté !

Dernière Décade de Ramadan 1188 (du 24 novembre au 4 décembre 1774).

Au verso se trouve l'empreinte du sceau de Si Ali Bacha Bey.

Tunis, le 11 mai 1894.

COUT : TROIS FRANCS
Pour traduction conforme,
L'Interprète judiciaire,
J. ABRIBAT.

PIECE JUSTIFICATIVE
№ 3.
Traduction de l'Arabe

Empreinte d'un sceau au nom de Si Mohammed Pacha Bey.

Louange à Dieu !

Que Dieu répande ses faveurs sur notre Seigneur Mohammed et qu'il lui accorde le salut !

Mandons à ceux qui prendront connaissance de notre présent décret parmi les gouverneurs, kahias, aghas, caïds, officiers du Makhzen, cheikhs, sujets et tous détenteurs de l'autorité, en général et en particulier. Puisse Dieu diriger la situation de tous.

Que nous renouvelons par notre présent décret, aux honorables et très considérables, nos amis *El Hadj Abdallah* et ses frères, enfants du cheikh objet des bénédictions divines et de pélérinages, *Seydi Abdessamie* la faveur qui leur a été faite relativement au henchir Ettouibiat sis dans le territoire de Kairouan, en confirmité de la libéralité qui leur a été faite par notre père. Puisse Dieu sanctifier son tombeau et notre frère, puisse Dieu l'absoudre !

A l'effet d'y cultiver. Les autres fellahs qui y cultiveront, leur serviront la dîme pour venir en aide à la zaouia et lui permettre de nourrir ses hôtes.

Ce renouvellement est parfait, ce décret général et étendu.

Recommandons en outre de les vénérer et de les respecter, à l'instar des gens pieux et vertueux.

A ceux qui prendront connaissance de notre présent décret, de se conformer à ses dispositions sans y contrevenir ni les transgresser s'il plait à Dieu.

Salut de la part de l'humble envers son Dieu, le Bacha Ali Bey fils de Hessine Bey. Que Dieu le sanctionne.

Décade médiale de Redjeb 1188.

Tunis, le 11 mai 1891.

COUT : TROIS FRANCS

Pour traduction conforme,

L'Interprète judiciaire,

J. ABRIBAT

PIECE JUSTIFICATIVE
N° 4.

Traduction de l'Arabe

Louange à Dieu !

Que Dieu répande ses faveurs sur notre seigneur et maitre Mohammed, sur sa famille et ses compagnons et qu'il leur accorde le salut !

Que Dieu Très Haut, conserve l'honorable et très considérable, le protégé de Dieu, le cheikh Salah ben Abdessamie, cheikh de la zaouiat. Puisse Dieu le combler de ses bienfaits !

Que le salut soit sur vous ainsi que la miséricorde de Dieu et ses bénédictions !

Nous avons reçu votre lettre et nous en avons compris le contenu. *Nous vous avons écrit notre décret pour notre fils le caïd des Souassi et les cheikhs qui vous feront rentrer l'achour (dîme) qui vous est due pour les cultures du henchir de la zaouiat.*

Salut de la part de l'humble envers son Dieu Hamouda Bacha Bey. Que Dieu le Sanctionne ! ainsi soit-il.

Le 29 Rebie el aouel 1216.

Au verso se trouve l'empreinte du sceau de Si Hamouda Bacha Bey.

Tunis, le 11 mai 1891.

Cout : TROIS FRANCS
Pour traduction conforme,
L'Interprète judiciaire,
J. ABRIBAT

PIECE JUSTIFICATIVE
№ 5.
Traduction de l'Arabe

Louange à Dieu !

Que Dieu répande ses faveurs sur notre seigneur et maître Mohammed, sur sa famille et ses compagnons et qu'il leur accorde le salut !

Que Dieu, qu'il sont exalté conserve l'honorable, notre fils Mohammed ben Ahmed, caïd des Souassi.

Que le salut soit sur vous.

Mohamed ben Abdallah Elmetuani nous a fait savoir que les Ouled-Echamekh, désirent cultiver dans leurs terres. Veuillez le leur interdire. Ils n'ont pas le droit de cultiver la terre des Djelasse. S'ils ne s'abstiennent pas, faites nous le connaître.

Salut de la part de l'humble envers son Dieu Hammouda Bacha Bey. Que Dieu le sanctionne ! ainsi soit-il.

Le 21 Djoummada Ettsania 1217. — 19 octobre 1802.

Au verso se trouve l'empreinte du sceau de Si Hammouda Bey.

Tunis, le 11 mai 1891.

Cout : TROIS FRANCS
Pour traduction conforme,
L'Interprète judiciaire,
J. ABRIBAT.

PIECE JUSTIFICATIVE
N° 6.

Traduction de l'Arabe

Louange à Dieu !

Que Dieu répande ses faveurs sur notre Seigneur et maître Mohammed et qu'il lui accorde le salut !

Que Dieu très haut conserve l'honorable et protégé, le marabout *Salah ben Aïssa ben Abdessamïe.*

Que le salut soit sur vous ainsi que la miséricorde de Dieu et ses bénédictions !

Nous avons reçu votre lettre relative à l'affaire des Souassi qui ont cultivé dans la terre de Zaouïat d'une façon arbitraire sans payer la redevance... etc...

En réponse, nous avons écrit à notre fils le caïd des Souassi qui fera rentrer pour vous les redevances arriérées.

Ils ne cultiveront plus dans votre terre qu'avec votre assentiment.

Salut de la part de l'humble envers son Dieu Hammouda Bacha Bey. Que Dieu le sanctionne.

Dernière décade de Chaâbane 1226.

Au verso se trouve l'empreinte d'un sceau avec la légende suivante « Son Serviteur Hammouda Bacha Bek. »

Tunis, le 11 mai 1894.

Cout : TROIS FRANCS
Pour traduction conforme,
L'Interprète judiciaire,
J. ABRIBAT

PIECE JUSTIFICATIVE

N° 7.

Traduction de l'Arabe

Louange à Dieu !

Que Dieu répande ses faveurs sur notre seigneur Mohammed et qu'il lui accorde le salut.

Que Dieu - qu'il soit exalté - conserve et protège l'honorable et très considérable, le marabout *Salah ben Aïssa*, cheikh de la zaouiat du cheikh Seydi Abdessamie.

Que le salut soit sur vous ainsi que la miséricorde de Dieu.

Nous avons reçu une lettre dans laquelle vous nous faites savoir que vous détenez une terre qui a fait l'objet d'une donation aumonière de feu vos ancêtres au profit de la zaouïat et que vous êtes porteurs de décrets relatifs à ce sujet, que vous nous avez envoyés pour en prendre communication.

Nous en avons pris connaissance. *Et en réponse, nous vous retournons les décrets te nous ajoutons que la terre demeurera entre vos mains. Si quelqu'un formule des prétentions à ce sujet, comparaissez avec lui par devant nous.*

Salut de la part de l'humble envers son Dieu. Hessmi Bacha Bey. Puisse Dieu Très Haut le sanctionner. Ainsi soit-il.

Le 6 Don el Kaada sacré de l'année 1239.

Au verso se trouve l'empreinte d'un sceau avec la légende suivante : « Son Serviteur Hessine Bacha Bek. »

Cout : TROIS FRANCS
Pour traduction conforme,
L'Interprète judiciaire,
J. ABRIBAT.

PIECE JUSTIFICATIVE
N° 8.

Traduction de l'Arabe

Deuxième et dernier Acte
écrit au verso du premier

En tête, timbre tunisien d'un quart de piastre et empreinte d'un cachet au nom de Mohammed Ech-Thahed deuxième Mufti Maleki.

En tête également, sont écrites ces deux mentions :

· 1° Page cent huit et 2° page trente cinq.

Louange à Dieu !

Ceci est une copie de l'acte d'une expertise ayant pour objet le henchir délimité et désigné au recto, transcrit ici pour compléter la délimitation énoncée d'autre part, avec l'autorisation de notre seigneur le cheikh deuxième Mufti Maleki transmise par l'intermédiaire de son fidèle huissier Messaoud El-Teïb, comme le confirme le cachet apposé ci dessus.

Voici le texte dudit acte d'expertise :

Louange à Dieu.

Une contestation et un procès ont eu lieu entre les honorables les marabouts Mohammed fils d'Aïssa fils d'Ahmed et Ali fils de feu le marabout El Hadj Mohammed fils d'Ahmed, tous deux descendants du cheikh le saint sidi Ferej El Ghali El Jelaci El Metnani, d'une part, et les honorables Salem Ben Er Rouiheb ben Ismaël Es Sassi des Meharza, Ali ben Mohammed El Dorouazi, de la même origine, et le Cheik M'Ahmed ben El Mabrouck de la même origine, d'autre part, au sujet d'une terre située dans le henchir connu sous le nom d'El-Touibia et Hobeïra, au sud de la ville de Kairouan.

Le premier groupe prétendait que (ladite terre) appartenait à leur ancêtre sidi Ferej susnommé, qui était propriétaire du henchir susdit et qui en avait la possession et jouissance en vertu de l'aumône suivie de prise de possession et d'acceptation, à lui faite par Son Altesse défunte Houssein Bey, ancien souverain de Tunisie ; que le deuxième groupe et les gens de la même tribu, les Meharza, avaient empiété sur une terre lui appartenant, du henchir susindiqué, qu'ils s'étaient installés avec leurs tentes, au milieu de cette terre, qu'ils avaient curé un puits comblé qu'elle renferme. qu'ils avaient lâché leurs bêtes sur des champs de blé et d'orge appartenant au groupe des Metnani et à leur co-associés de Kairouan et du Sahel, champs qui ont été ainsi endommagés, et que cet empiétement avait été par eux commis injustement et abusivement.

Le premier groupe susdit a porté son affaire contre les susnommés, par devant le tribunal du Chara et le khalifa en la ville de Kairouan, qui l'ont autorisé à faire procéder à une expertise par deux amines et deux notaires de Kairouan.

Lorsqu'ils sont arrivés sur le henchir sus désigné, une centaine de personnes environ, de la tribu des Meharza, leur ont barré le passage et les ont empêchés de parvenir au puits susmentionné en les chassant, en frappant leurs montures et en leur jetant des pierres.

Une de ces pierres a atteint le vieillard Ahmed ben Saïd El Netnani au jarret gauche, a produit une écorchure une lésion de la chair et une hémorragie.

Les deux amines et les deux notaires sont alors retournés à Kairouan et ont informé de ces faits le caïd des Ouled-Ydir, monsieur le colonel Ahmed Zarrouk Bouali.

Celui-ci les a portés à la connaissance du bureau arabe de Kairouan qui à son tour, les a signalés à Monsieur le général à Sousse.

Un ordre a été donné télégraphiquement, prescrivant d'envoyer sur le henchir sus dit deux amines et deux notaires de la ville de Kairouan, ainsi que deux amines de Monastir et deux notaires des Souassi, chacune des parties en cause devant produire ses titres, dont lecture serait donnée sur les lieux aux amines, et prescrivant en outre aux notaires de dresser acte des déclarations des parties et des amines.

Au reçu de cet ordre (1) le cheikh sidi Mohamed Saddam, deuxième Mufti en la ville de Kairouan, par sa lettre prescrivant ce qui va être dit, et (2) Monsieur le colonel Mohammed El-Mrabet, Khalifa de la même ville, dont la signature est apposée ici, à droite, ont ordonné aux deux notaires soussignés ainsi qu'aux honorables Mohammed fils de feu Mohammed ben el Amar et Mohammed fils de l'honorable Salem el Harkam, tous deux amines d'agriculture en ladite ville, auxquels il convient d'avoir recours en pareille matière (de se transporter sur le henchir sus-dit).

De même, le cheik eli de Monastir, Monsieur Abd el Hakim El Adari a par lettre ordonné aux deux notaires des Souassi : El Hadj Messaoud ben el Hadj Amor et Nass ben Mahmoud, ainsi qu'à l'Amine à Monastir, l'honorable Ali ben M'hammed el Ahouel (de se transporter sur le henchir sus-dit).

En conséquence, les deux notaires et les amines sus-nommés se sont transportés sur le henchir susindiqué.

Arrivés tous sur les lieux le premier groupe a produit un titre contenant (1) donation du henchir susdit faite à titre d'aumône au susnommé et suivie de prise de possession et d acceptation par lui, et (2) l'acte d'une expertise ordonnée autrefois par Monsieur Mahmoud Alouch, agent de Son Altesse le Bey et gérant de ses propriétés en la ville de Kairouan, aux fins de déterminer les limites du henchir sus-désigné, et à laquelle il a été procédé par les honorables Belgassem ben Ali Bou Hafar El Ouertitani, Belgassem ben Mohammed Khacib el Berchani Belgassem ben Jaballah El Ali, Mohammed ben Saad Allah El Ali, le cheikh Abdallah ben Saïd el Jebnaoui et Saad ben Syada Er Riahi, le premier, amine d'agriculture à Kairouan, et les cinq autres, trifs (connaisseurs, personnes compétentes) en la même ville, tous actuellement décédés

L'acte d'expertise susdit relate ce qui suit :

Arrivés sur le henchir susdésigné, à la requête d'El Hadj Fredj ben el Ghali, donataire susnommé, ils l'ont parcouru et lui ont trouvé pour limites :

Au sud, l'Oued-ei-Malah par où l'eau se déverse dans une sebkha (lagune) qui est là ;

Au nord, El Ktitir ;

A l'ouest, El-Ksar El Ahmar (les ruines rouges), ensuite la limite va en droite ligne vers le nord jusqu'à ce qu'elle atteigne le déversoir des eaux, qui est vers le sud par rapport à El-Ktitir ;

A l'est, El-Houideta, puis la limite va dans la direction du nord, joignant le déversoir des eaux d'El Kassiat ;

Au nord (sic) El Mrira, ensuite la limite va vers le sud sur henchir El Ksour et El-Feskya (l'étang, le réservoir) qui est là, puis elle se poursuit vers le sud sur le bord d'un Faïd (dépression de terrain) qui se trouve là, jusqu'à ce qu'elle arrive à une sebka (lagune) qui est là, au sud dudit Faïd.

Ce Faïd est compris dans le henchir El-Touibia susdit, en sorte que la limite passe à l'est de lui.

Cela a été approuvé par Mahmoud Adouch, agent de Son Altesse le Bey susdit et gérant de ses propriétés en la ville de Kairouan.

L'acte d'expertise a été soumis à Son Altesse Houssein Bey susnommé, lequel a approuvé son agent en cela, comme le confirme son cachet apposé sur le trait du nord : « Houna » (ici) dudit acte.

Celui-ci est daté du premier tiers de Safar de l'année *mil cent quarante-sept* (du 3 au 12 juillet 1734) et est clos par l'attestation des honorables, les cheikh Boubeker El Ghariani, Monsieur Abd el Jelil Addoum et Mohammed Zardoum El Ghithi, tous les trois notaires parmi les principaux de la ville de Kairouan.

Seulement, dans ledit acte, il y a des oblitérations légères ailleurs que dans ses parties essentielles.

Le premier groupe a également produit un titre portant confirmation par leur Altesse Sidi Mohamed et Sidi Ali, enfants de Son Altesse Houssein Bey susdit, de l'aumône faite par leur père en faveur d'El Hadj Fredj prénommé, et ayant pour objet tout le henchir appelé Hobéïra qui constitue une des terres de culture de la ville de Kairouan, au sud de laquelle il est situé.

Il y est dit que la limite de ce henchir est formée par Dahari-el-Faïd-el-Maïdar, El-Buika et la ligne de partage des eaux, 4, 5, 6, 7 dudit henchir, que la limite ouest est formée par Ech-Chartal et Ksar Er-Rih et que la limite nord est formée par El Kassiat, sur une partie, par le terrain de sidi Amor ben Hejla, Gara (les marais) El Golbane et Ragoubet (mamelon) Er-Rikik, sur une autre partie, et par la ligne de partage des eaux qui se déversent dans le henchir susdit, sur une autre partie.

Il contient (1) l'acceptation dudit henchir par le donataire susnommé, qui en a pris possession et en a joui de toutes les façons, et (2) deux billets émanant de Monsieur Mahmoud Adouch susdit, dont l'un adressé aux cultivateurs du henchir El-Touibia des Souassi, des Ouled Er-Rakik et autres, les informe de l'approbation par ledit Mahmoud, des limites du henchir susdésigné, et dont l'autre, adressé à tous les chefs des Ouled Er-Rakik, les invite à s'acquitter du droit de l'achour envers le donataire susdit.

Il est daté du dernier jour de Djoumada El-Oula de l'année mil cent cinquante et un (15 septembre 1738), et est clos par l'attestation des cheikhs Ibrahim Boudidah et Abd el Kader Boudidah, tous deux anciens notaires à Kairouan.

Communication des deux titres susrapportés à été prise par les deux notaires du présent acte.

Il a été demandé aux individus du groupe des Souassi de produire leurs titres pour que lecture en soit donnée sur les lieux.

Ils ont prétendu qu'eux et les autres membres de leur tribu, les Meharza, étaient propriétaires d'une terre appelée Bir-el-Soltane et ayant pour limites :

Au sud, la Sebka (lagune) ;

A l'est, la fraction d'Essamra des Souassi ;

Au nord, Hamadat (colline) Medas, déversoir des eaux de la terre susdite, au sud du ravin Nafidet El-Bakla ; la limite va tout droit vers l'ouest jusqu'à ce qu'elle arrive à onze mamelons et de là, va en droite ligne au henchir ben Medkha ; elle se dirige tout droit au sud d'une jaddarya (?) occidentale qui est là, de Kabar (tombeau ?) El-Majri et de la ligne de partage des eaux du ravin Nafidel El-Majri ;

A l'Ouest, Ghedir (mare) El-Afril ; la limite va tout droit jusqu'à Oued Ez-Zralb, ensuite jusqu'à Ghedir-El Achor et puis jusqu'au henchir Ez-Zebda, Ghedir El-Touibia et Ksar-el-Ghal ; ensuite la limite va avec un Drâ (colline allongée) jusqu'à ce qu'elle atteigne l'Oued-el-Malah.

Ils ont prétendu en outre que cette terre était en leur possession et jouissance, qu'ils la cultivaient, la donnaient en location, y creusaient des puits, y plantaient des cactus et y inhumaient leurs morts, sans qu'ils aient actuellement d'autre argument à faire valoir à cet égard que celui de la possession, ajoutant que plus tard ils produiraient des titres à l'appui de leur prétention.

Les deux amines susnommés ont alors parcouru les limites indiquées plus haut ; et, les ayant attentivement examinées en présence des deux notaires du présent ils ont déclaré :

Que d'après l'aspect des lieux et les indices recueillis, si les titres du premier groupe étaient légalement valables, le puits récemment curé et la terre dont les limites ont été verbalement désignées par le deuxième groupe, celui des Meharza, seraient tous deux compris dans les limites de la terre du premier groupe, celui des Souassi des droits duquel ils feraient partie avec ce que ladite terre renferme en fait de puits, vergers, cimetières et autres, et ce, suivant les titres du premier groupe ;

Que les limites données dans les deux titres du premier groupe s'appliquent à ce qui a été dit comme la limite doit s'appliquer à l'objet délimité ;

Et que si le groupe des Meharza produisait des titres réguliers conformes à sa prétention, la terre par lui désignée et ledit puits récemment curé seraient compris dans les limites d'elle (sic).

L'amine de Monastir a ajouté que les limites de la terre du groupe des Meharza, telles que les prétend ce groupe, s'appliquent bien à la terre susdite, comme la limite doit s'appliquer à l'objet délimité.

Les deux amines de Kairouan ont été en désaccord avec lui sur ce point et ont déclaré que les limites de la terre du groupe des Meharza, telles que les prétend ce groupe, ne s'appliquent pas à la terre susdite, vu que le côté sud n'est pas en face du côté nord et que le côté est n'est pas en face du côté ouest.

Les deux amines de Kairouan ont fait leurs déclarations à notre seigneur le cheikh Mufti susdit qui les a reçues d'eux dans les termes que dessus, ce dont ledit magistrat a requis les deux notaires soussignés de prendre acte.

Suivent les signatures des notaires à la date du 29 djoumad Ettani 1308.

Ceux qui s'étant transportés où il a été désigné en compagnie de qui a été nommé, ont assisté à l'inspection desdites limites faites par les amines précités comme il est énoncé plus haut, et ont recueilli telles qu'elles sont consignées ci dessus les déclarations susdites de qui a été dit, avec l'autorisation et à la requête susindiquée en consignent ici leur témoignage.

Notre seigneur le cheikh Mufti susdit se trouve dans un état parfait de capacité juridique (il est inutile de parler de son identité) une personnalité comme la sienne ne pouvant être inconnue.

Cela est confirmé par le cachet dudit magistrat apposé ci-dessus.

Les autres susnommés se trouvent dans l'état admissible.

Les amines et les requérants sont connus.

L'identité des Meharza a été établie comme il convient, ayant été certifiée, eux présents, par les deux notaires prénommés, eux-mêmes connus.

Le transport susdit a eu lieu le mercredi 14 djoumada el Tania de l'année 1304 (9 mars 1887) mais la rédaction du présent acte a été différée jusqu'au moment où nous avons reçu les déclarations des amines et où témoignage a été porté contre eux, c'est à dire jusqu'au vendredi 16 dudit mois.

Le contenu du présent est consigné à la page quatre du registre du premier des deux notaires soussignés et à la page soixante onze de celui du second.

Honoraires pour trois jours et trois nuits : quarante-cinq piastres.

L'acte transcrit ci-dessus est clos par l'attestation des notaires en la ville de Kairouan, les honorables Ibrahim El Atani el Mohammed Er Ramah, et porte, savoir : en regard de sa formule initiale « Louange à Dieu », le cachet du cheikh Mufti qui avait ordonné l'expertise, ainsi conçue : approuvé par Mohammed el Mrabet »

Voilà la copie conforme de ce qui a été dit.

Ceux qui l'ont confrontée avec son original l'ont trouvée conçue dans les mêmes termes.

Dont acte.

Fait à la date du dimanche 29 djoumada El-Tania de l'année 1308 (8 février 1891).

Honoraires pour la présente copie : seize piastres et quart.

(Signatures et paraphes des notaires) :

(1°) Mohammed Es Sadok el Annabi ;

(2°) Mohammed El Jabiri ;

(Suit cette mention que trace le magistrat dont le cachet est apposé en tête) : « Cachet apposé à la même date que plus haut.

Pour traduction conforme,

Coût : Cinquante-quatre francs, sept mots rayés, nuls.

Tunis, le 6 février 1891.

L'interprète traducteur assermenté près le tribunal mixte,

N. HADDAD.

9 REBIA EL OUEL 1305 TANIDJA. — BIR SULTAN

PIECE JUSTIFICATIVE

N° 9.

Traduction de l'Arabe

Acte transcrit à la page 480 du répertoire du jugement de Kairouan sous le numéro 139.

Gachet du cadi de Kairouan.

Louange à Dieu.

Avec l'autorisation de notre maître, le cadi de la ville de Kairouan et de sa province que Dieu le protège ! transmise ladite autorisation dans une lettre aux fins ci-après, portant son cachet et dont les deux notaires soussignés ont pris connaissance écrit ladite lettre conformément aux instructions à lui adressées par notre maître, le docte jurisconsulte, le célèbre et distingué *cadi de Tunis* et de la province d'Afrique Sid Mohammed Tahar Ennifer Echcherif et lui enjoignant de faire comparaître devant lui *Mohamed ben Aïssa ben Ahmed El Melnani el Mbarki*, descendant du cheikh sidi Fredj el Ghali, et ses adversaires *Salem ben Errouhima ben Smaïl ben Saui el Meharsi, Ali ben Mohammed Edderouas, Ahmed ben Mohamel ben Mabrouk et Ameur ben Ameur ben Naceur*, de même origine et d'envoyer avec eux deux notaires sur le henchir connu sous le nom de Houbira et Touibia, sis au sud de Kairouan lesquels notaires recueilleront, sur les lieux mêmes et par écrit, les déclarations de *Mohammed ben Aïssa, indiqueront les limites des quatre côtés avec le plus grand soin, transcriront également et sur les lieux, les réponses desdits adversaires, et cela à l'effet de préciser l'objet du litige entre les parties.*

La lettre contenant les instructions du cadi de Tunis porte la date du 3 du mois dernier.

En vertu de l'autorisation sus-mentionnée, disons nous, les deux notaires soussignés, l'honorable et considéré lettré Ameur fils de feu Mohammed El Mezrioni El Kairoani, amine d'agriculture de la ville de Kairouan et d'une compétence reconnue quant à sa connaissance des terrains et de leurs limites, accompagnés du demandeur et des défendeurs, se sont rendus sur le henchir sus-désigné.

Arrivés sur les lieux, Mohammed ben Aïssa ben Ahmed sus-nommé a allégué que lui et ses co-ayants droit parmi les descendants du cheikh sidi Fredj El Ghali, étaient propriétaires de la totalité du henchir de terre nue connu sous le nom de Houbir et Touibia, situé dans la région cultivable de Kairouan : que ledit henchir est devenu la propriété de leur susdit ancêtre en vertu d'une donation à lui consentie par Son Altesse sidi Hussein, Bey de Tunis, à l'époque ; qu'il est limité savoir :

Au sud, par le cours de la rivière dite Oued-El-Malah dont les eaux se jettent dans un lac qui est là ;

A l'est, par Oglet, El-Houidta ;

Au nord, par el Kessaât, El-Ktitir et Draâ-El-Merir ;

Et à l'ouest, par Kass-El-Ahmer ;

Que le donataire ayant demandé au donateur de lui élargir les limites du domaine donné, Son Altesse accéda à cette demande et ordonna au représentant chargé du domaine de l'Etat de reculer les limites dudit domaine ;

Que par suite de cet agrandissement ledit henchir se trouve limité aujourd'hui, savoir :

Au sud, par Dhari-El-Feidh, El-Maizer Ennebeka, et la ligne de séparation des eaux ;

A l'ouest par El Mechertat et Kass Errih ;

Au nord, par El Kassiât sur une partie et par les terrains de sidi Ameur ben Hadjta et Ragoubet Errekik sur d'autres parties ;

Et à l'est, par El-Houidta précitée ;

Que lui et ses co-ayants droit jouissent et disposent dudit henchir en toute propriété, soit en le cultivant, soit en le louant ;

Que ses adversaires, les défendeurs susnommés sont parmi les locataires de ce henchir et en cultivent à ce titre près du quart, soit cent cinquante méchias, du côté Est moyennant un prix de location de cinq piastres par méchia ;

Que ledit quart est limité :

Au sud, par le lac, limite du henchir en premier lieu.

A l'est, par Oglet, El-Ouidta qui est la limite Est du henchir ;

Au nord, par El Guessaâ, Draâ-El-Merira et El-Guetitir qui forment la limite nord du henchir :

Et à l'ouest par le restant du henchir.

Que les défendeurs ont refusé le payer les loyers desdites méchias.

Puis désignant de la main chacune des limites ci-dessus mentionnées, le demandeur a ajouté :

Que la partie délimitée était comprise dans le henchir ; que les défendeurs avaient, en outre, porté leur vue sur un puits en ruine faisant partie dudit henchir qu'après l'avoir mis à jour et dégagé ils l'avaient construit sans autorisation de sa part et sans droit aucun de la leur.

Le demandeur conclut en demandant aux défendeurs de reconnaître les faits qui précèdent, de lui payer les loyers des méchias cultivées par eux, de délaisser les lieux et le puits, ou de répondre à ce sujet.

Les défendeurs présents sur la partie du henchir délimitée par le demandeur, répondent, après avoir entendu et compris les dires de ce dernier ;

Qu'ils sont propriétaires, qu'ils jouissent et disposent, en la cultivant eux-mêmes, en la louant en y plantant des cactus, des oliviers et des figuiers en y creusant des puits et en y enterrant leurs morts, comme leurs ancêtres, de la totalité de la terre connue sous le nom de *Bir-es-Sollane*, sise sur le territoire des Souass, et limitée, savoir :

Au sud, par l'Oued et le lac connu sous le nom de Sebka-Bir-Es-Soltane :

A l'est, par El-Chouiba-Essouda et par la ligne de séparation des eaux ; ainsi que par des ruines romaines qui le séparent du désert de Soassi ?

Au nord, par la hamada, au sud, de Ghar Eddobaa, la ligne de séparation des eaux qui descendent de la Hamada, la limite se dirige ensuite en ligne droite jusqu'à onze mamelons de grandes et petites dimensions et de nature rocheuse : et de là jusqu'à Henchir ben Medkbel, toujours en ligne droite elle se continue ensuite jusqu'à Djedar Itir, puis jusqu'à Kobr El-Madjeri en suivant la ligne de séparation des eaux.

A l'ouest, par Oued-Ezraieb puis en suivant le cours de l'oued elle aboutit à Ghdir El Euch dans la direction du sud pour de là se continuer en suivant dans la direction de l'Oued-le-Draa qui est entre les deux Nefida, jusqu'à El Bacheur, se dirige ensuite sur Keblr-El-Kebi qui est près de Nefidet Essedr pour se continuer en ligne droite jusqu'au lac susdésigné ;

Qu'il n'est pas à leur connaissance que le demandeur et ses co-ayants droit aient un droit quelconque sur la terre ci-dessus délimitée ;

Que ladite terre est en leur possession comme elle a été en possession de leurs pères et ancêtres : Que c'est seulement au printemps dernier que le demandeur est venu les troubler dans cette possession sans droit ni raison.

Les défendeurs ont désigné de la main, sur les lieux, les limites susrapportées, d'où il résulte que le terrain litigieux est celui qui vient d'être délimité à la fois par le demandeur et les défendeurs, sauf pour le côté sud qui est limité, au dire des parties par le lac; les limites des trois autres côtés données par lesdites parties n'ont aucun rapport entre elles.

Après que les défendeurs eurent fini de répondre, le demandeur leur a demandé si la terre dont ils viennent de donner les limites est comprise dans les limites de son henchir ou en dehors desdites limites.

Les défendeurs ont répondu qu'ils ignoraient les limites de son henchir, mais que leur terre avait pour limites celles qu'ils venaient d'indiquer et qu'elle était leur propriété légitime.

Le demandeur objecte que la partie litigieuse étant occupée par eux, il est étrange que les défendeurs ne connaissent pas les limites du henchir qu'ils ont sous les yeux.

Les défendeurs n'ont rien répondu.

Après les explications des parties, l'amine ayant fait le tour du terrain litigieux et examiné attentivement les limites sur les quatre côtés, a déclaré que de cet examen il résultait pour lui la conviction que les limites données par le demandeur et indiquées par lui s'appliquent parfaitement au terrain délimité et sont comprises dans les limites dudit henchir, tant dans les premières que dans les secondes ci-dessus énoncées ;

Que les limites indiquées par les défendeurs ne s'appliquent pas au terrain dont ils revendiquent la propriété et qu'en admettant même qu'elles s'y appliquent, elles sont comprises dans celles du henchir.

L'amine susnommé a répété sa déclaration à notre maître le cheikh jurisconsulte, le cadi de Kairouan et de son territoire, qui l'a reçue et a requis les deux notaires soussignés d'en donner acte.

Suivent les signatures des notaires à la date du 9 Rabia El Ouel 1305.

Ceux qui se sont transportés sur les lieux susindiqués, accompagnés des parties susdésignées, et ont recueilli les déclarations de qui a déposé, avec l'autorisation sus mentionnée, ont ici consigné lesdites déclarations et rendu témoignage relativement à ce que dessus.

L'identité du demandeur et de l'amine étant connue, celle des défendeurs ne l'étant, les notaires soussignés ont pris leur signalement

Fait le vendredi, 9 Rabia El Ouel 1305 *(16 décembre 1887*, pages 105 et 14.

Signé : **MOHAMMED BEN SEROUR,**

Notaire à Kairouan.

Signé : **MOHAMMED BEN ABDELLAH DEBACH,**

Notaire à Kairouan.

Suit la mention : « Scellé le mercredi 10 Rabia El Ouel de l'année ci-dessus » tracée par le cadi.

Pour traduction conforme,
Coût : dix-huit francs.

Tunis, le 28 janvier 1895.

L'Interprète judiciaire,
ALI BEN AHMED.

COPIE

CONTROLE CIVIL DE KAIROUAN

Vice-Consulat de France

Monsieur,

J'ai l'honneur de vous faire connaître qu'à la suite des démarches faites auprès des Ouled-Achour et Farjallah établis sur votre propriété, ces derniers RECONNAISSENT QU'ILS SONT CHEZ VOUS, MAIS ILS ESTIMENT QUE LES INDIGÈNES DES SOUASSI *doivent* COMME EUX VOUS PAYER UNE REDEVANCE POUR DROITS DE PATURAGES ET LOCATION DE MÉCHIAS, ET RECONNAITRE ÉGALEMENT QU'ILS SONT ÉTABLIS SUR VOTRE HENCHIR.

J'espère que les deux parties reconnaissant vos droits, l'affaire s'arrangera à l'amiable, et que toute contestation sera écartée à l'avenir.

Je vous prie d'agréer, Monsieur, l'assurance de ma considération distinguée.

Signé : J. HENRY.